GÉNIALE, la Station spatiale!

par les rédacteurs de YES Mag

Texte français du Groupe Syntagme inc.

Les éditions Scholastic

Aux enfants, qui nous rendent la tâche agréable (spécialement Vaughn, Leo et Casey), et à notre rédactrice en chef, Val, sans qui rien de tout cela n'aurait été possible.

Remerciements :
Un grand merci à Simone Garneau, consultante et membre fondateur de Futuraspace; à Philip R. West, du Johnson Space Center de la NASA; ainsi qu'à Susan Lang, de l'université Cornell.

Catalogage avant publication de la Bibliothèque nationale du Canada

Géniale, la Station spatiale! / rédigé par les éditeurs de YES mag ;
illustrations de Rose Cowles ; texte français, Groupe Syntagme.

Traduction de: The amazing International Space Station.
Pour les jeunes de 9 à 12 ans.
ISBN 0-439-97527-1

1. Station spatiale internationale--Ouvrages pour la jeunesse.
I. Cowles, Rose, 1967- II. Titre: YES mag.

TL797.15.A4914 2003   j629.44'2   C2003-900979-3

Rédactrice en chef : Valerie Wyatt
Conceptrice graphique : Julia Naimska

Édition publiée par Les éditions Scholastic, 175 Hillmount Road, Markham (Ontario) L6C 1Z7, avec la permission de Kids Can Press Ltd.

5 4 3 2 1   Imprimé à Hong-Kong, Chine   03 04 05 06

Table des matières

Un monde lointain

L'espace est un monde lointain, dangereux, parfois mortel. Pourquoi alors désirons-nous y aller?

Les spatiologues et les astronautes répondraient que l'exploration de l'espace nous aide à mieux comprendre la Terre, le système solaire et l'univers. La conquête de l'espace favorise aussi des avancées technologiques dans des domaines aussi divers que la médecine et la fabrication manufacturière. En plus, grâce aux satellites orbitaux, nous pouvons transmettre partout dans le monde des signaux de téléphone et de télévision, et surveiller les conditions météorologiques.

Il y a aussi une autre réponse. Tu la connais si tu t'es déjà demandé pourquoi le ciel est bleu ou quelle sorte de papillon émergera d'une chrysalide : la curiosité. Les êtres humains sont de nature curieuse. Nous sommes animés par le désir de comprendre et de savoir.

L'espace demeure un mystère pour nous, Terriens, qui ne l'explorons que depuis une cinquantaine d'années. Toutefois, nous disposons aujourd'hui d'un nouveau poste d'observation, la Station spatiale internationale (SSI), où des astronautes de divers pays peuvent vivre et travailler.

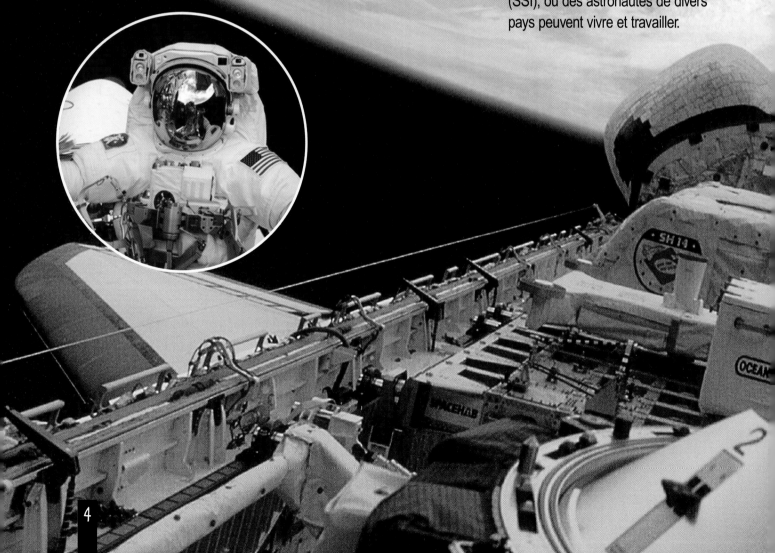

et hostile

Les astronautes et les scientifiques perçoivent la Station spatiale Internationale comme un tremplin en vue de la conquête de Mars. La SSI coûtera en tout 100 milliards de dollars, ce qui en fait un tremplin très onéreux — mais c'est que l'assemblage d'un laboratoire de 450 tonnes dans l'espace ne s'est pas fait en un jour. Il aura fallu 16 pays et plus de 40 missions spatiales pour y arriver.

Que penses-tu de cette aventure futuriste? Voudrais-tu en faire partie? Peut-être construiras-tu la prochaine station spatiale ou te baladeras-tu parmi les étoiles, un jour. Quoi qu'il en soit, tu voudras sans doute connaître l'histoire de la station. Alors, chausse tes bottes intersidérales et emprunte le sourire de l'astronaute : nous partons pour la SSI.

La Station spatiale internationale en décembre 2001

Des cieux (in)amicaux

namical, l'espace? Il faudrait plutôt dire carrément hostile. Toutefois, cela n'a pas empêché des ingénieurs, des scientifiques et des astronautes de construire la Station spatiale internationale. L'air y est inexistant, les écarts de température, intolérables, et les rayonnements, très dangereux. Et après? Quand on construit une station spatiale, il faut s'attendre à devoir surmonter des obstacles et composer avec le danger.

Destination espace! Ton vaisseau spatial a été spécialement conçu pour te protéger des périls de l'espace.

Ouf!

Au sommet du mont Everest, c'est-à-dire au point le plus élevé du globe, l'air se fait si rare qu'on a du mal à respirer. Mais là où on a construit la SSI, il n'y a pas d'air du tout. Avis aux Terriens : n'oubliez pas votre bonbonne d'oxygène.

Brrr... Il fait chaud!

Les écarts de température sont si extrêmes dans l'espace qu'on pourrait y faire cuire — ou congeler — des aliments, et même des êtres humains. La température — torride ou glaciale — dépend de plusieurs facteurs, comme la proximité du Soleil et la quantité de lumière solaire absorbée par la matière. À l'extérieur de la station spatiale, c'est-à-dire à 354 kilomètres de la surface terrestre, les températures oscillent entre 120 °C en plein soleil et -155 °C en pleine obscurité.

Paf!

En 1983, un grain de peinture à peine plus gros que le point sur ce « i » s'est écrasé contre la fenêtre d'une navette spatiale : l'impact y a laissé un cratère. Plus de 10 000 objets fabriqués par l'homme sont en orbite autour de la Terre. Mais les appareils ne détectent pas toujours les objets plus petits qu'un gros boulon, et ces débris peuvent heurter la station avec la puissance d'une grenade.

Zip!

En une seule journée dans l'espace, un astronaute est exposé à autant de rayons cosmiques (une forme d'énergie qui voyage dans l'espace) qu'une personne sur Terre en un an. Les éruptions solaires émettent encore plus de radiations. En plus d'être cancérigènes, celles-ci peuvent provoquer la formation de cataractes dans les yeux et endommager le système nerveux central.

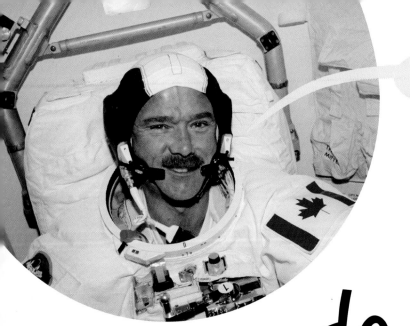

— *L'astronaute canadien Chris Hadfield*

Le LEGO de l'espace

La construction de la Station spatiale internationale a duré plus de cinq ans. On a d'abord fabriqué les pièces — plus de 100 — sur Terre, puis on les a transportées en orbite à l'aide de vaisseaux russes et américains. Là-haut, les astronautes ont assemblé les modules comme s'il s'agissait d'un énorme jeu de LEGO.

Le premier module a quitté la Terre en novembre 1998. C'était le module de commande russe *Zarya* (ce mot signifie « lever de soleil »). Quelques semaines plus tard, la NASA lançait le nœud de jonction *Unity*, construit par les États-Unis, pour l'annexer à *Zarya*. La troisième composante maîtresse, le module de servitude *Zvezda* (« étoile »), a été fabriquée par les Russes. Lancé en orbite et mis en place en juillet 2000, le module a plus ou moins la taille

d'un autobus.

Les premiers résidents de la SSI ont pendu la crémaillère sur *Zvezda* en novembre 2000. Le séjour de Bill « Shep » Shepherd, Sergei Krikalev et Youri Gidzenko — un astronaute et deux cosmonautes — s'est déroulé dans l'harmonie, même s'ils étaient très à l'étroit. Ils ont passé beaucoup de temps à décharger et à organiser le matériel. Puis ils ont attendu le chargement suivant, qui est arrivé un mois plus tard. Il s'agissait d'immenses générateurs solaires, qui allaient accroître l'alimentation en énergie de la station et préparer le terrain pour le module-laboratoire *Destiny*, construit par les États-Unis. Ce dernier module joue un rôle clé sur plusieurs plans critiques, comme le maintien des fonctions vitales, la navigation, les communications et la recherche. Il s'agit aussi d'une

pièce supplémentaire pour le premier équipage, jusque-là très à l'étroit.

En avril 2001, on a procédé à l'installation du *Canadarm2*. Ce bras robotique allait servir à construire le reste de la station. C'est ainsi que le Canada est devenu le troisième pays à fournir une pièce de la station spatiale. D'autres allaient bientôt emboîter le pas.

Le Japon a construit un laboratoire de quatre pièces appelé *Kibo*, qui signifie « espoir ».

Le Brésil a pour sa part doté la station d'une plateforme extérieure, à partir de laquelle on peut effectuer des expériences dans le climat hostile de l'espace. Des scientifiques italiens ont conçu trois modules logistiques polyvalents — qu'on a appelés *Leonardo*, *Raffaello* et *Donatello* en l'honneur de trois célèbres

« Il n'y a pas de quincaillerie tout près; donc si tu as oublié un type de vis ou que tu n'as pas le bon outil, pas question de rebrousser chemin pour aller chercher ce qui te manque. »
— *L'astronaute canadienne Julie Payette*

artistes italiens (ou des Tortues Ninja?). Ces modules, qu'on pourrait comparer à des placards géants, sont envoyés en orbite un à un, annexés à la station spatiale, et renvoyés vers la Terre par navette quand ils sont vides.

L'Agence spatiale européenne (ASE) a fourni l'élément orbital *Colombus*, un autre laboratoire destiné à la recherche. Elle a également conçu et fabriqué des véhicules de transfert automatiques (ATV). Ces véhicules, pourvus d'un dispositif pour s'arrimer à la station, peuvent livrer jusqu'à neuf tonnes de chargement — de l'essence, de la nourriture, des vêtements et même des films. Sur le chemin du retour, l'ATV prend automatiquement feu au contact de l'atmosphère terrestre.

L'astronaute américain Michael Lopez-Alegria se sert d'un outil à poignée pistolet pour apporter la touche finale à la SSI. Un jeu de LEGO d'une complexité sans précédent.

Mégacanettes en orbite

Certains modules de la station ressemblent tout simplement à des canettes géantes — la forme et le matériau sont semblables. Par contre, les multiples couches dont ils sont faits les apparentent aussi à des cocons. Le blindage est composé d'une couche externe d'aluminium, qui a été gaufré pour être renforcé. En dessous, on retrouve des feuilles de céramique fibreuse et de kevlar — le matériau utilisé dans les gilets pare-balles — d'environ 10 centimètres d'épaisseur, qui recouvrent la coque d'aluminium du module. Les fenêtres sont des panneaux de vitre de 1 à 2 centimètres d'épaisseur. Et à l'extérieur, des volets d'aluminium offrent une protection supplémentaire lorsqu'on n'utilise pas les fenêtres.

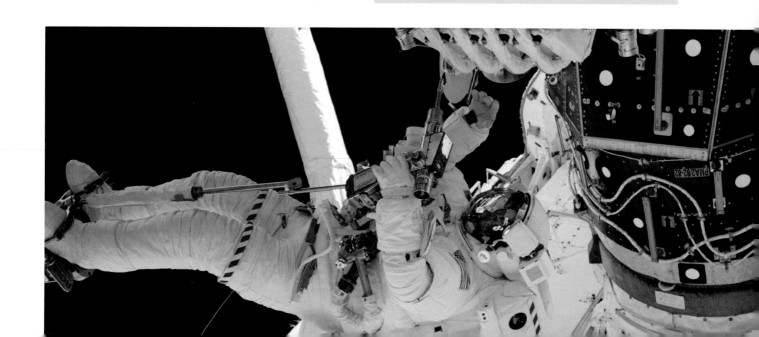

Simulations spatiales

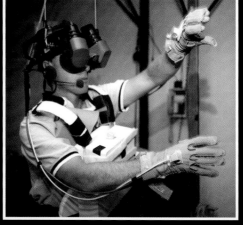

Pour en arriver à construire des choses en orbite, les astronautes doivent s'exercer, mais ils ne le font pas dans l'espace. Ce serait trop coûteux. Ils s'entraînent ici, sur la bonne vieille planète Terre, grâce à un ensemble de simulations spatiales. Ces exercices sont conçus pour être en tous points conformes à la réalité de l'espace — sur le plan du visuel comme sur celui des sensations.

▲
▲
▲ Une simulation par réalité virtuelle permet à l'astronaute de s'exercer à la construction de la station spatiale — tout se passe dans son casque.

▲
▲
▲ Pour donner une idée de l'apesanteur, on propose ici un vol pour le moins houleux dans un aéronef spécial. Ce n'est pas un hasard si on a surnommé l'engin *Vomit Comet* (Air Nausée).

▲
▲
▲ Dans l'eau, on ressent plus ou moins la même sensation d'apesanteur que dans l'espace. C'est comme si on ne pesait rien, tandis qu'on bouge au ralenti.

Les scouts n'ont jamais été mis à si rude épreuve! En vue de leur séjour à la SSI, l'astronaute américain Bill Shepherd (à droite) et le cosmonaute russe Sergei Krikalev participent à un camp russe de formation en survie — en hiver! ▶ ▶ ▶

À faire suer!

La construction d'une station spatiale n'est pas de tout repos. Il est très difficile de bouger comme on veut dans l'espace. De plus, il est impossible pour l'astronaute d'essuyer la sueur qui dégoutte dans ses yeux : le casque l'en empêche.

Les gants que portent les astronautes sont très épais,

ce qui complique les tâches minutieuses et la manipulation des outils. Si tu échappes quelque chose — oups! — l'objet part à la dérive et devient un dangereux débris spatial. Et, question de rendre le tout vraiment palpitant, le soleil se lève ou se couche toutes les 45 minutes : donc la température passe de torride à frigorifique. L'aventure t'intéresse toujours?

SIMULATION SPATIALE MAISON

Les astronautes portent des gants chauffants très épais qui protègent leurs mains et les gardent au chaud quand le devoir les appelle à l'extérieur de la station spatiale. À quel point les gants rendent-ils les manipulations difficiles? Essaie cette simulation et juges-en par toi-même.

Il te faut :

★ 3 paires de gants ★ des trombones ★ une grande boîte de carton (facultative)
★ du ruban adhésif (facultatif) ★ des ciseaux (facultatifs)

1 Enfile les trois paires de gants. Ensuite, essaie d'attraper un trombone dans chaque main et de glisser les trombones l'un dans l'autre.

2 Si tu aimes vraiment les défis, dépose deux trombones dans une boîte de carton, referme-la bien avec du ruban adhésif et découpe deux trous pour les bras. Ensuite, essaie de saisir les trombones et de les glisser l'un dans l'autre.

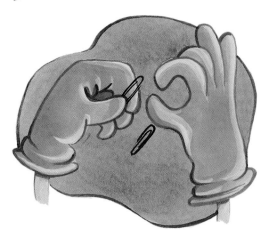

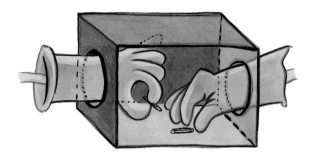

La SSI en statistiques

Altitude moyenne : 354 km
Vitesse moyenne : 28 000 km/h
Masse : 450 000 kg
Largeur : 108,5 m
Longueur : 88,4 m

Nations participantes

- Belgique
- Brésil
- Canada
- Danemark
- France
- Allemagne
- Italie
- Japon
- Pays-Bas
- Norvège
- Russie
- Espagne
- Suède
- Suisse
- Royaume-Uni
- États-Unis

1 Modules d'alimentation (Russie)
2 Module de commande *Zarya* (Russie)
3 Radiateurs thermiques
4 *Canadarm2* (Canada)
5 Module-laboratoire *Destiny* (États-Unis)
6 Module-laboratoire *Kibo* (Japon)
7 Module logistique polyvalent (Italie)
8 Élément orbital *Colombus* (Europe)
9 Vaisseau de secours X-38 (États-Unis)
10 Fusée *Soyouz* (Russie)
11 Segment de poutrelle intégrée (États-Unis)
12 Générateurs solaires (États-Unis)

Voici la SSI

Les membres de l'équipage de la navette disent au revoir en s'acheminant vers l'aire de lancement. À la tête du peloton, le pilote Stephen N. Frick (à gauche) et le commandant Michael J. Bloomfield (à droite); dans la deuxième rangée, les spécialistes de mission Rex J. Walheim et Ellen Ochoa; dans la troisième rangée, Jerry L. Ross et Lee M.E. Morin; et à l'arrière, Steven L. Smith, aussi spécialiste de mission.

3-2-1... On y va!

Alors, tu veux t'envoler dans l'espace et voir la SSI de tes propres yeux? Enfile ta combinaison de vol — couleur citrouille, ça te va? — et saute dans le taxi *Endeavour*, c'est-à-dire la navette spatiale qui te conduira à destination.

Tu boucles ta ceinture et soudain, tu entends des voix. Des extraterrestres? Mais non. C'est le Centre de contrôle de mission de la NASA qui tente de te joindre. Tu réponds : « La navette sera lancée à H moins cinq secondes, et je compte... 5-4-3-2-1... » Elle est partie!

Pendant que le Centre de contrôle confirme la réussite du lancement, tu es cloué à un siège de métal inconfortable et tu as l'impression qu'un gorille est assis sur ta poitrine. Dans le nez d'une fusée catapultée dans l'espace, c'est tout à fait normal! Le bruit est assourdissant, l'engin vibre à tout casser, mais tu affiches un sourire émerveillé.

Deux choses te propulsent à la distance et à la vitesse requises : les propulseurs auxiliaires à poudre et les moteurs principaux de la navette, alimentés par du carburant liquide qui provient du réservoir extérieur.

Les propulseurs auxiliaires expédient la navette à 44,8 km du sol. Deux minutes après le lancement, tu voyages à 4 950 km/h. Les propulseurs se séparent : ils sont parachutés et amerriront quelque part dans l'océan Atlantique. On les recueillera pour les réutiliser dans d'autres missions. Quelques minutes plus tard, c'est l'extinction commandée du moteur principal. On largue le réservoir extérieur, maintenant vide : il prendra feu au contact de l'atmosphère.

Une fois la navette dans l'espace, c'est le système de manœuvre orbitale du vaisseau qui prend la relève pour le propulser jusqu'à l'altitude orbitale minimale, c'est-à-dire 249 km. Durée totale de la montée : huit minutes. Ensuite, la course commence. À peine 41 heures te séparent de ta destination — ou de ta « place de stationnement », la SSI. Elle apparaît enfin dans ton champ de vision, et tu es prêt pour l'arrimage.

Sur quel bouton faut-il appuyer pour ralentir la vitesse de la navette?

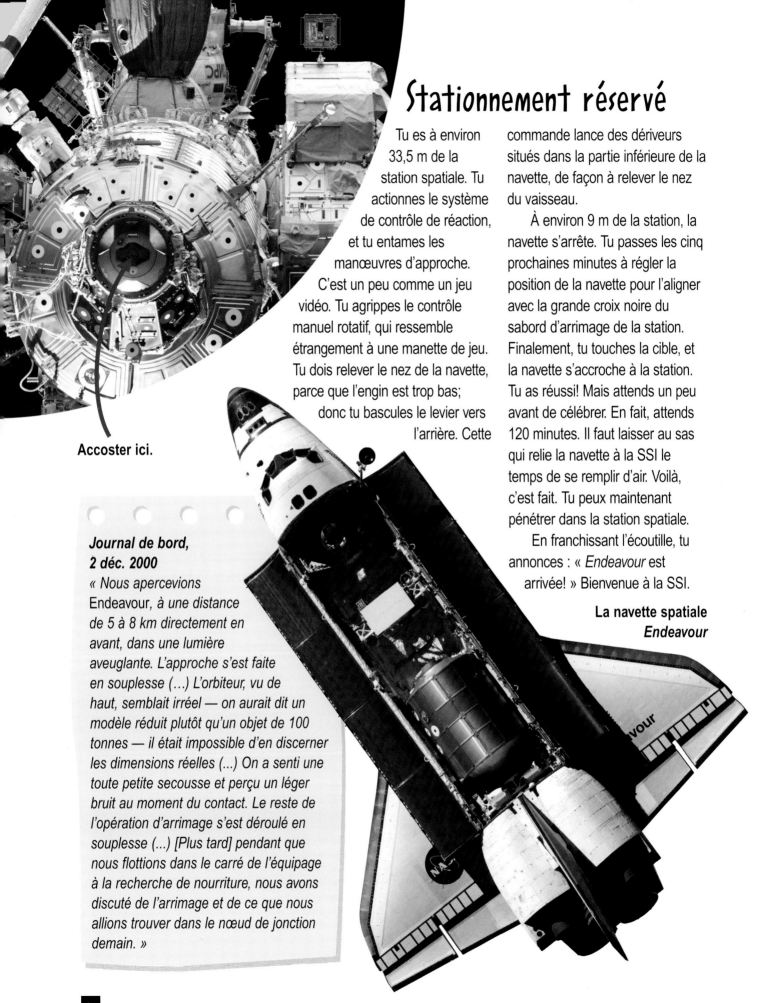

Accoster ici.

Stationnement réservé

Tu es à environ 33,5 m de la station spatiale. Tu actionnes le système de contrôle de réaction, et tu entames les manœuvres d'approche. C'est un peu comme un jeu vidéo. Tu agrippes le contrôle manuel rotatif, qui ressemble étrangement à une manette de jeu. Tu dois relever le nez de la navette, parce que l'engin est trop bas; donc tu bascules le levier vers l'arrière. Cette commande lance des dériveurs situés dans la partie inférieure de la navette, de façon à relever le nez du vaisseau.

À environ 9 m de la station, la navette s'arrête. Tu passes les cinq prochaines minutes à régler la position de la navette pour l'aligner avec la grande croix noire du sabord d'arrimage de la station. Finalement, tu touches la cible, et la navette s'accroche à la station. Tu as réussi! Mais attends un peu avant de célébrer. En fait, attends 120 minutes. Il faut laisser au sas qui relie la navette à la SSI le temps de se remplir d'air. Voilà, c'est fait. Tu peux maintenant pénétrer dans la station spatiale.

En franchissant l'écoutille, tu annonces : « *Endeavour* est arrivée! » Bienvenue à la SSI.

La navette spatiale
Endeavour

Journal de bord, 2 déc. 2000

« *Nous apercevions* Endeavour, *à une distance de 5 à 8 km directement en avant, dans une lumière aveuglante. L'approche s'est faite en souplesse (...) L'orbiteur, vu de haut, semblait irréel — on aurait dit un modèle réduit plutôt qu'un objet de 100 tonnes — il était impossible d'en discerner les dimensions réelles (...) On a senti une toute petite secousse et perçu un léger bruit au moment du contact. Le reste de l'opération d'arrimage s'est déroulé en souplesse (...) [Plus tard] pendant que nous flottions dans le carré de l'équipage à la recherche de nourriture, nous avons discuté de l'arrimage et de ce que nous allions trouver dans le nœud de jonction demain.* »

Fusées fulgurantes

Tu peux construire ta propre fusée avec un contenant de film. Regarde-la bien décoller!

Il te faut :

★ un contenant de film de marque Fuji avec son couvercle (de nombreux laboratoires photographiques te donneront gratuitement des contenants vides)
★ du bicarbonate de soude ★ du vinaigre ★ des lunettes de sécurité

Remarque : Il faut faire cette expérience à l'extérieur. La combinaison bicarbonate de soude-vinaigre est explosive; il y aura donc des dégâts! Et ta fusée va s'envoler très haut! Aussitôt que tu as refermé le couvercle du contenant, bouge de là et tiens-toi à l'écart.

1 Retire le couvercle du contenant de film et remplis celui-ci de bicarbonate de soude.

2 Verse du vinaigre jusqu'au quart du contenant.

3 Mets tes lunettes de sécurité. Ensuite, pose doucement le couvercle sur le contenant et ferme-le hermétiquement.

4 Retourne le contenant à l'envers, pose-le sur le sol et éloigne-toi vite. Ta fusée devrait décoller quelques secondes plus tard. Si l'expérience rate, essaie à nouveau avec un contenant dont le couvercle ferme plus hermétiquement.

Qu'est-ce qui se passe?

Il s'agit d'une réaction chimique. Le mélange du vinaigre et du bicarbonate de soude produit du dioxyde de carbone, et le gaz s'accumule jusqu'à ce que le contenant ne puisse plus le contenir et se détache du couvercle, catapulté dans l'espace.

Les hauts et les bas!

Quoi de plus plaisant que de rentrer chez soi en flottant par une écoutille

C'est la microgravité qui nous permet de flotter dans l'espace. Ici, sur Terre, la force de gravité attire les êtres humains et les objets vers le centre de la planète, ce qui nous empêche de léviter en permanence. La station spatiale est, elle aussi, attirée vers la Terre. Mais puisque la station et l'équipage voyagent à la même vitesse, les astronautes se retrouvent en état d'apesanteur,

Trois équipages en apesanteur — l'Expédition Deux (chandails rouges), l'Expédition Trois (chandails blancs) et l'équipage de la navette (chandails rayés).

ou de microgravité.

Amusant, non? Sauf que… tu te rends vite compte que la microgravité affecte tout ce qui t'entoure. Si tu essaies de déposer un crayon, il part à la dérive. Tu veux t'asseoir? Impossible, puisque

tu flottes!

En apesanteur, la colonne vertébrale des astronautes se distend, ce qui force leurs muscles à s'allonger. La bonne nouvelle, c'est que les astronautes peuvent gagner de deux à cinq centimètres pendant une mission spatiale.

Mais il y a aussi une mauvaise nouvelle : les maux de dos. Pour soulager la douleur, les astronautes se placent souvent en position

L'astronaute américaine Susan Helms et le cosmonaute russe Youri Usachev à bord du module-laboratoire *Destiny*.

Ah! l'espace — là où le vide nous sert de chaise longue! L'astronaute américain Michael Bloomfield flotte à la dérive.

Tout ce qui monte...

Imagine que tu montes en ascenseur jusqu'au sommet d'un immeuble très haut. Au dernier étage, les câbles qui soutiennent la cabine se rompent : la cabine est donc larguée dans le vide — avec toi dedans. Et puisque vous tombez ensemble à la même vitesse, tu as l'impression de flotter. Il s'agit en fait d'une « chute libre », qui est synonyme de microgravité. C'est franchement plaisant. Jusqu'à ce que, hum, tu t'écrases au sol.

...doit redescendre

La force de gravité fait en sorte que la SSI est attirée vers la Terre. Alors, pourquoi reste-t-elle en orbite au lieu de suivre les lois de la nature? La SSI voyage à environ 28 000 km/h — juste la bonne vitesse pour se maintenir en orbite sans partir à la dérive dans l'espace ni retomber sur Terre. Pourtant, à la longue, la force de gravité l'emporte : la traînée atmosphérique ralentit la SSI, qui redescend trop près de la Terre. Ainsi, ses micropropulseurs sont conçus pour la relever à une hauteur où elle peut conserver la vitesse qui la maintient en orbite... pour un certain temps, du moins.

fœtale pendant qu'ils sont en suspension dans les airs.

Il y a aussi le problème des sinus. Dans un organisme soumis à la gravité, les fluides ont tendance à aller vers le bas, tandis que dans l'espace, les liquides corporels montent à la tête. C'est pourquoi les astronautes ont l'air bouffis sur les photos prises peu après le lancement. On dit qu'ils se sentent comme s'ils se tenaient sur la tête.

Ce n'est pas tout. La quantité de liquides présente dans le haut du corps indique à la jauge hydrique située dans cette région que l'organisme a suffisamment d'eau pour fonctionner. La soif ne se fait donc pas sentir, et il y a risque de déshydratation — du moins jusqu'à ce que le corps s'adapte.

L'apesanteur cause un autre problème à plus long terme : la perte osseuse. Quand on n'a pas à combattre la gravité, les muscles et les os s'atrophient. Pour prévenir cet effet, les astronautes passent jusqu'à deux heures par jour à faire de l'exercice.

Il faut donc travailler très fort — et surmonter bien des obstacles — pour le plaisir de flotter. Le jeu en vaut-il la chandelle? Si tu le demandes à un astronaute, il te répondra sans hésiter : « Absolument! »

La vie à bord

modèle réduit de la SSI

couteau

confiture

miel

fruit en apesanteur

À bord de la SSI, on en vient presque à oublier les nausées, les éternuements et les maux de dos, car la vie quotidienne est un défi en soi — des gestes simples comme manger et dormir se transforment en véritables aventures. Allez, joins-toi à l'équipage pour casser la croûte. Mais ne t'attends pas à un repas-minute, car les astronautes ont généralement 90 minutes pour préparer et manger leur repas.

Voici comment il faut procéder.

D'abord, tu te rends au module *Zvezda*, où est situé le coin cuisine, et tu prends un plateau. Ensuite, tu choisis ton menu à partir d'une liste affichée sur l'ordinateur. (La liste est établie cinq mois avant le lancement de la mission. C'est à ce moment-là que les astronautes doivent déterminer ce qu'ils vont manger durant leur séjour à la SSI.) Le contenu nutritionnel des menus a fait l'objet d'une analyse. La

L'astronaute américain James Voss jongle avec sa collation — ses parents ne lui ont donc jamais dit de ne pas jouer avec la nourriture?

vitamine D, qui est cruciale pour la santé des os, est un nutriment important pour les astronautes qui effectuent des séjours prolongés dans l'espace. L'absence de rayons ultraviolets, attribuable au blindage du vaisseau, restreint la capacité naturelle qu'a l'organisme de produire cette vitamine.

Les résidents de la station partagent un repas, et l'astronaute américain Scott Horowitz fait office de serveur volant pour l'occasion.

L'ex-astronaute américain Mike Mullane a déjà bricolé un système solaire flottant où une boule de jus d'orange représentait le soleil et des M & M, les planètes.

Mais revenons à l'ordinateur. Tu choisis « poulet teriyaki et sauté de légumes ». L'ordinateur t'indique dans quel tiroir tu trouveras ton repas. Tu déposes le festin emballé dans un four à convection. Pendant que le tout chauffe, tu réhydrates une portion de soupe wonton en te servant d'un robinet en forme de seringue pour y injecter de l'eau chaude. Pour empêcher le liquide de fuir, tu aspires la soupe avec une paille munie d'une pince.

Le poulet et les légumes sont prêts. Tu sors le plat du four et tu te sers du Velcro qu'il y a en dessous pour le faire tenir au plateau. Tu fais ensuite adhérer le plateau à la table avec une courroie, et tu commences à manger. Attention! Si tu accroches ton assiette, poulet et légumes s'envoleront. Pour ce qui est de l'assaisonnement, on propose de petits flacons compressibles — qui ressemblent à des contenants de gouttes pour les yeux — remplis d'eau salée ou poivrée.

Pour dessert, il y a des biscuits chinois. Le tien dit : « Tu as la capacité de t'élever au-dessus des autres. »

Des biscuits pour déjeuner? Eh oui, les biscuits non friables Russkoye ou Vostok constituent un aliment de première nécessité pour les cosmonautes russes. Ils sont au menu de l'équipage de la station chaque matin.

L'astronaute américain Brian Duffy goûte une boisson de l'espace au Centre spatial Johnson. Difficile de dire s'il aime l'expérience... Il lui faudrait peut-être une paille de fantaisie?

Attention, soussoupe volante!

Environ une fois par mois, la SSI est approvisionnée en nourriture par navette spatiale ou par le véhicule d'approvisionnement *Progress*. Les cargaisons contiennent des fruits et des légumes frais, mais la plupart des aliments sont préparés pour durer — ils sont déshydratés, congelés ou transformés, et emballés dans des sachets ou des boîtes de conserve. L'emballage est ultra-important, car il doit résister à des pressions que même les emballeurs de l'épicerie n'exercent jamais! Il faut rappeler que les contenants de nourriture sont soumis aux mêmes forces exceptionnelles que les astronautes au moment du lancement.

De plus, la nourriture de l'espace doit être aseptique — on ne voudrait pas que les astronautes tombent malades. Sur Terre, la quantité acceptable de bactéries pour les aliments en conserve est de 300 000 au gramme. Dans l'espace, on limite cette quantité à 8 infimes bactéries au gramme. Et la nourriture doit être solide — on veut éviter de se retrouver avec de la sauce en apesanteur : ce serait malpropre et les germes en profiteraient pour se propager.

Boîtes de conserve en cavale! Où donc est le Velcro quand on en a besoin?

Les astronautes portent un toast en « cognant » des sacs de jus.

Le commandant Youri Usachev s'est déjà fait livrer une pizza par ses collègues. Le pepperoni ayant échoué le test de salubrité, on l'a remplacé par du salami.

Spécial spatial

Un jour, peut-être, les astronautes feront pousser leurs propres aliments dans l'espace. Avec cette idée en tête, des chercheurs de l'Université Cornell préparent des plats surtout végétariens, à base d'aliments qui pourront être cultivés dans l'espace en environnement hydroponique (c.-à-d. dans un liquide riche en éléments nutritifs) où la température sera contrôlée et la lumière, artificielle. Voici une recette de soupe aux carottes, mise au point par Rupert Spies, qui pourrait être concoctée à partir d'ingrédients cultivés dans l'espace. Cette soupe pourrait un jour figurer au menu des astronautes. Demande à un adulte de t'aider à la préparer.

Il te faut :

★ 750 g de carottes tranchées
★ 250 ml d'oignons coupés en dés
★ 15 ml d'huile végétale
★ 1 l de lait de soya (non sucré)
★ 250 ml de bouillon de légumes ou d'eau

★ 2 ml de gingembre moulu
★ 2 ml de muscade
★ sel et poivre
★ 45 ml de persil frais haché

1 Dans une casserole de taille moyenne, fais revenir les carottes et les oignons dans l'huile pendant deux minutes.

2 Ajoute le lait de soya, le bouillon, le gingembre, la muscade, le sel et le poivre. Fais chauffer le tout sans laisser bouillir. Laisse mijoter jusqu'à ce que les carottes soient tendres.

3 Demande à un adulte de t'aider à verser la soupe dans un robot culinaire pour en faire une purée (quelques secondes suffisent).

4 Verse la soupe dans la casserole et ajoute la moitié du persil. Tu peux maintenant servir la soupe et garnir avec le reste du persil.

Le savais-tu?

La nourriture de l'espace doit être savoureuse, nourrissante, économique et facile à préparer. La liste des ingrédients doit être courte (on pense au poids de la cargaison). De plus, la nourriture spatiale doit être pauvre en sel. Pourquoi? Dans l'espace, on filtre l'urine pour en tirer de l'eau avec laquelle on irrigue les cultures. Et s'il y a trop de sodium (sel) dans l'eau, la croissance des plantes sera entravée.

Astronets!

Le cosmonaute russe Mikhail Tyurin joue au barbier avec l'astronaute américain Frank Culbertson. Celui-ci se débarrasse des retailles de cheveux avec un aspirateur modifié.

À bord de la Station spatiale internationale, on ne discute jamais pour savoir qui va faire la vaisselle : on jette tout dans le compacteur de déchets. Il y a tout de même du nettoyage à faire, et pour ce type de corvée, rien de mieux que l'indémodable huile de coude! L'équipage de la SSI garde ses locaux propres en essuyant les surfaces avec un savon doux.

On nettoie toutes les surfaces environ deux fois par mois, plus souvent si on renverse de la nourriture. Il faut non seulement

mettre de l'ordre, mais aussi se débarrasser des déchets directement produits par les astronautes, qui perdent jusqu'à trois grammes de peau par jour. Les peaux mortes, petites mousses et autres résidus qui forment la poussière restent en suspension dans l'air et se promènent dans la station. Ils finissent par aboutir dans les filtres à air, où on retrouve déjà des colonies de passagers clandestins appelés micro-organismes.

Les astronautes apportent des micro-organismes — champignons

ou bactéries — avec eux dans l'espace et en répandent une quantité impressionnante dans la station. Les extraterrestres mangeurs d'hommes peuvent aller se rhabiller : ils ne pourraient rien contre ces sournois microbes terriens. En effet, les hordes de micro-organismes, qui n'ont aucun ennemi naturel dans l'espace, pourraient facilement détruire toute autre forme de vie.

On se débarrasse donc de la poussière et des micro-organismes grâce aux filtres à air, qu'on nettoie régulièrement pour éviter la

L'astronaute canadien Chris Hadfield nettoie les fenêtres.

Respire par le nez

Imagine que tu partages un espace restreint avec plusieurs personnes pendant des mois et qu'il n'y a ni douche ni même une fenêtre qui s'ouvre. Pouah! Ne t'en fais pas — l'air n'est pas vicié à bord de la SSI. Des machines le purifient et renouvellent l'oxygène. La SSI a des réserves, mais la plupart du temps, on obtient l'air par électrolyse de l'eau, (c.-à-d. qu'on se sert de l'électricité générée par les panneaux solaires de la station pour diviser l'eau en ses composantes, l'hydrogène et l'oxygène).

Super! Maintenant que tu peux respirer, qu'est-ce qui arrive avec le dioxyde de carbone que tu expires? Une petite quantité est expulsée dans l'espace. Le reste est combiné à de l'hydrogène pour produire de l'eau et du méthane. L'eau est réutilisée, le méthane est relâché dans l'espace.

multiplication des indésirables.

Toutefois, la moisissure, une autre évadée de la Terre, résiste à tout ce nettoyage. Parce qu'elle est un champignon, elle aime particulièrement l'humidité et se nourrit d'à peu près n'importe quoi. Le hublot de verre de la station spatiale russe *Mir* était d'ailleurs envahi par les champignons. Donc, afin d'éviter la propagation de la moisissure, on garde les taux d'humidité très bas — entre 65 et 70 % — à bord de la SSI. Mais comme l'air est sec, la peau s'assèche et se détache — ce qui exige du nettoyage!

Journal de bord, 11 déc. 2000 « On a passé l'aspirateur dans tous les filtres et toutes les prises d'air du vaisseau. C'est épatant : si tu échappes quelque chose, tu es presque sûr de le retrouver dans un filtre ou un grillage. »

On se sert de sacs de plastique pour limiter les dégâts quand la nourriture s'envole.

En forme!

Les astronautes doivent se tenir en forme; pas pour éviter de prendre de l'expansion, mais pour empêcher leurs muscles et leurs os de s'atrophier. Sur Terre, le simple fait de combattre la gravité chaque jour renforce nos muscles. Dans l'espace, par contre, les os et les muscles s'affaiblissent rapidement, à cause de la microgravité. Pas de gravité, pas de résistance!

Plus tu restes longtemps dans l'espace, plus tes os s'atrophient. Selon les scientifiques, une personne pourrait perdre jusqu'à 45 % de sa masse osseuse durant une mission de neuf mois vers Mars. Les muscles se régénèrent assez facilement quand on revient sur Terre, mais ce n'est pas le cas pour les os.

Allez hop! Tu sautes sur le tapis roulant. C'est une épaisse feuille d'aluminium recouverte d'un anti-adhésif et fixée à un rouleau; le tout est amarré au sol. Tu boucles les courroies qui t'empêcheront de t'envoler et tu te mets à marcher. N'oublie pas de solliciter aussi tes bras en poussant vers le haut sur la barre qui fait partie de l'appareil. Un conduit d'air situé à proximité assèche la transpiration qui émane de tes pores. Autrement, la sueur s'accumulerait et formerait une couche de plus en plus épaisse sur ta peau.

Tu en assez du tapis roulant? Pour changer un peu, tu grimpes sur la machine à ramer ou sur la bicyclette stationnaire, qu'on appelle vélo-ergomètre. N'oublie pas de tout ranger, car le mini-gymnase est situé dans le même module — *Zvezda* — que le coin cuisine, quelques couchettes, et plusieurs postes de travail et de communication. Il faut aussi s'organiser pour ne pas cacher la vue des 13 fenêtres. Et ne pas être au mauvais endroit quand le vaisseau russe *Soyouz* s'arrime à la station.

L'astronaute américain James Voss pédale vers nulle part dans le module de servitude *Zvezda*.

Mais il n'y a pas que le travail dans la vie. Que font les astronautes pour se divertir? Le Canadien Marc Garneau, qui adore la musique baroque, a apporté un CD pour en écouter. Il a aussi pris avec lui des CD des vedettes de jazz canadiennes Oscar Peterson et Diana Krall. Le cosmonaute russe Youri Gidzenko, pour sa part, a choisi les Beatles, les Rolling Stones et une collection de chansons traditionnelles russes.

La musique est populaire auprès des astronautes, et chacun a son lecteur de CD portatif. Quels sont les autres passe-temps des astronautes?

Ils envoient des courriels à leurs parents et amis et regardent des films sur DVD. Les navettes livrent régulièrement de nouveaux DVD, mais l'attente est parfois longue, et il arrive que les astronautes en soient réduits à regarder de vieux documentaires pour meubler les heures creuses. Toutefois, le loisir suprême dans l'espace, c'est de contempler la Terre. Il faut même essuyer les fenêtres souvent, tant les marques de nez y sont nombreuses!

L'astronaute américaine Ellen Ochoa regarde la Terre tourner.

L'Expédition Deux et l'équipage de la navette sont à l'heure d'Hawaï.

Journal de bord, 5 janv. 2001 « On a fini de regarder le deuxième DVD de 2010. C'est plutôt étrange de voir un film sur une expédition dans l'espace quand on est soi-même en mission spatiale. »

Au dodo!

Tu as travaillé au moins huit heures, fait de l'exercice durant deux heures, passé beaucoup de temps à préparer tes repas, envoyé des courriels à tes amis et à ta famille, regardé un film russe sous-titré… C'est normal que la fatigue te gagne.

À bord de la SSI, les astronautes ont chacun une « chambrette » où ranger leurs articles personnels, se retirer pour être tranquilles et dormir. Le compartiment n'est pas plus grand qu'un placard, mais au moins, les astronautes ont un endroit à eux pour se reposer. Sauf que… la chambrette est très bruyante. Les membres de l'équipage doivent se mettre des bouchons dans les oreilles pour dormir s'ils ne veulent pas être dérangés par le grondement des ventilateurs et autres engins.

Quand vient le temps de dormir, les astronautes retirent leurs chaussons et leurs vêtements, et rangent le tout dans un filet. Ils s'engouffrent dans leur sac de couchage, referment la longue glissière sur le dessus, puis se passent des courroies autour de

Le cosmonaute Youri Usachev prend des notes, installé dans sa couchette du module *Zvezda*. Tu as vu la photo de sa famille?

la taille pour ne pas s'envoler durant la nuit. De plus, à cause de la microgravité, les astronautes

glissent les bras dans des anneaux situés sur les côtés du sac, sans quoi ils ressembleraient au monstre de Frankenstein durant leur sommeil, les bras ballants devant eux.

La nuit dure en principe huit heures à bord de la SSI, mais les astronautes se réveillent souvent, surtout durant les séjours prolongés dans l'espace. Les scientifiques croient que les séjours en orbite perturbent l'horloge interne de l'organisme, qui régit la production de mélatonine, l'hormone du sommeil, et de cortisol, substance qui entretient l'état de veille. Chaque jour, le lever et le coucher du soleil remettent notre pendule à l'heure. Mais la réalité n'est pas la même à plus de 300 km de la Terre, où les « jours » durent 90 minutes seulement (45 minutes de clarté et 45 minutes d'obscurité). Certains astronautes optent donc pour les somnifères, mais en moyenne, ils dorment deux heures de moins que sur Terre chaque nuit.

Journal de bord, 24 nov. 2000 « Le bruit est ennuyeux, mais tolérable. Nous réussissons tout de même à dormir — tous les membres portent des bouchons d'oreille. »

L'astronaute américain James Voss se rase. Espérons qu'il n'oubliera pas de se brosser les dents — tu as vu les sucreries qui l'attendent?

Debout, là-dedans!

Tu te réveilles et tu sors de ton sac de couchage. C'est le moment d'aller faire un tour aux toilettes dans le cagibi prévu à cet effet. Tu passes les pieds dans des courroies, tu t'assois sur le petit siège et fixes le dispositif de retenue sur tes cuisses. Après, tu actionnes un ventilateur qui sert d'aspirateur pour les fesses. Zoum! Les déchets solides disparaissent dans un réservoir de stockage. L'urine est acheminée vers un autre réceptacle — à bord de la SSI, on la recycle pour en faire de l'oxygène et de l'eau.

Dans l'espace, on se débarrasse des poils superflus à l'aide d'un rasoir électrique ou manuel. On se brosse les dents comme sur la Terre, à la différence qu'il faut utiliser un dentifrice comestible ou « cracher » dans une serviette. On se sert d'un shampoing sans rinçage pour se laver les cheveux, et on pratique la toilette à l'éponge pour le reste du corps. Et puisque l'eau est un milieu propice à la multiplication des micro-organismes indésirables, on se sert d'un catalyseur d'oxydation pour chauffer l'eau à 130 °C, ce qui en assure la pureté.

Et à qui revient la tâche de nettoyer la salle de bains? À tout le monde. On désinfecte la toilette après chaque utilisation.

Les astronautes se rasent-ils de plus près dans l'espace? Bonne question. Ici, le cosmonaute Youri Usachev se débarrasse des poils superflus à l'aide d'une lame et d'une crème à raser ordinaires.

Balade céleste

Bon, les générateurs solaires ont besoin d'entretien — le moment est venu d'aller faire un tour dehors : en jargon spatial, on parle d'une activité extravéhiculaire, ou EVA. Excessivement dangereuse, l'EVA est néanmoins l'aspect le plus spectaculaire de la vie dans l'espace.

Te voilà donc en suspension à des centaines de kilomètres au-dessus de la Terre. Seules quelques couches de matériau de l'ère spatiale te protègent de l'univers (et d'une mort certaine). Au moins, tu profites d'un accessoire dernier cri en fait de mode spatiale : les gants chauffants. Et en passant, tu adores ça!

Première étape

Avant l'EVA, tu dois aller dans le sas d'aérage et mettre une couche — pas question de rentrer en vitesse pour une pause pipi!

Deuxième étape

Ensuite, tu endosses le vêtement de refroidissement et de ventilation au liquide. Il s'agit d'une combinaison maillée de nylon et de spandex **A**. De petits tubes d'eau parcourent la combinaison de part en part pour te rafraîchir.

Troisième étape

Vient le moment d'installer le harnais électrique **B**. Muni de fils métalliques qui permettent la communication avec la SSI et le Centre de contrôle de mission, le harnais sert aussi à surveiller tes signes vitaux. (Au Centre de contrôle, on s'inquiète si ton cœur s'arrête…) N'oublie pas le bonnet Snoopy, assorti d'un casque d'écoute et de microphones **C**.

Quatrième étape

Il faut maintenant revêtir la combinaison. D'abord, la partie inférieure du scaphandre, qui comprend les jambes, les genoux, les chevilles, les pieds et la partie inférieure du tronc **D**. Ensuite, le torse supérieur rigide, qui se rattache à la partie inférieure par un anneau de métal. Les gants et le casque se joignent au reste du scaphandre de la même façon **E**.

Cinquième étape

On glisse ensuite une visière extravéhiculaire (dont l'acronyme est aussi EVA) par-dessus ton casque **F**. Cette pièce d'équipement comprend une visière recouverte d'or qui filtre les rayons du soleil, une deuxième visière de protection — claire, celle-là — pour combattre les températures extrêmes, et des œillères réglables. En outre, quatre petites lampes frontales t'aident à voir devant toi.

Sixième étape

Vient ensuite l'équipement autonome de survie **G**, qui comprend des bonbonnes d'oxygène, des épurateurs de dioxyde de carbone, de l'eau froide, une radio, un système d'alimentation en énergie électrique, des ventilateurs et des systèmes d'avertissement. Cet équipement te permet de naviguer dans l'espace pendant neuf heures. S'il fait défaut, tu peux recourir à l'équipement de secours situé juste en dessous. La réserve secondaire d'oxygène te donne 30 minutes pour regagner la station.

Septième étape

Tu installes maintenant le module de contrôle et de visualisation sur ta poitrine **H**. Il est conçu pour contrôler l'équipement autonome de survie à l'aide du miroir fixé à ton poignet **I**. On attache aussi à ton bras la liste des choses que tu dois faire, pour que tu n'oublies rien durant ta promenade, qui durera sept heures.

Combien de temps faut-il pour réaliser toutes ces étapes? À peine 45 minutes, après quoi tu peux sortir du sas d'aérage avec environ 113 kg d'attirail à trimbaler. Une fois revêtu de ta combinaison spatiale, tu es comme un vaisseau spatial indépendant. Il en coûte 12 millions de dollars pour la combinaison. Le reste, évidemment, n'a pas de prix.

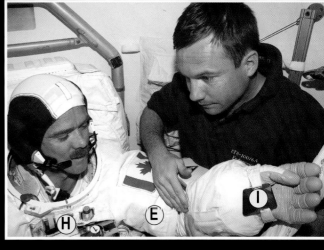

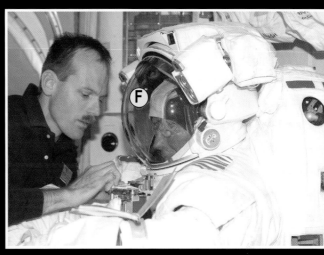

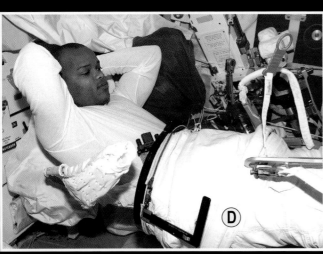

« Inutile de s'acharner contre la combinaison. Elle va gagner de toute façon. Il faut apprendre à ne faire qu'un avec elle. »

— L'astronaute américain Jim Newman

Astrolabo

L'espace offre aux scientifiques quelque chose d'unique : un environnement presque exempt de gravité. Par conséquent, les astronautes doivent non seulement diriger la SSI, mais également suivre les directives des scientifiques, qui leur indiquent, depuis la Terre, comment mener certaines expériences précises dans ce milieu si différent.

Parmi les « expériences » réalisées par les astronautes, mentionnons l'étude des réflexes humains et la culture de cristaux de protéines pour la recherche sur le cancer. Les données qui nous seront toutefois les plus utiles proviendront sans doute des recherches sur l'exposition à long terme du corps humain à la microgravité. Si l'être humain veut continuer d'explorer l'espace, il doit répondre à certaines questions cruciales.

Voici quelques exemples d'expériences effectuées à ce jour dans la station spatiale.

Expérience n° 1 : Le potentiel des protéines

Les protéines sont les composantes de base de la vie. Pour en apprendre davantage sur ces molécules, les scientifiques étudient les cristaux de protéine — dans un monde idéal, ils sont gros et bien formés. Sans l'attraction de la gravité terrestre, les cristaux grossissent mieux, ce qui les rend plus faciles à étudier. Les astronautes s'adonnent ainsi à la culture de cristaux de protéine dans l'espace depuis 1985. Les scientifiques mettent au point de nouvelles techniques de culture des cristaux, ils envoient le nécessaire aux astronautes pour l'expérimentation, et ces derniers suivent les directives. Les cristaux cultivés dans l'espace aideront peut-être un jour les scientifiques à élaborer des médicaments susceptibles de traiter certaines maladies comme le cancer et le diabète. Il se peut même que les recherches sur les cristaux de zéolite révolutionnent les procédés de transformation de l'essence sur Terre.

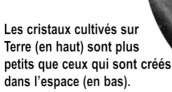

Les cristaux cultivés sur Terre (en haut) sont plus petits que ceux qui sont créés dans l'espace (en bas).

Retombées du ciel

De prime abord, on ne voit pas le lien entre une paire d'espadrilles et la technologie spatiale. Pourtant, il y en a un. En 1990, un fabricant de chaussures athlétiques s'est inspiré de la technologie spatiale pour mettre au point une nouvelle semelle intercalaire, qui s'est révélée indéformable après l'équivalent de presque 650 km de course.

Au fil du temps, la technologie spatiale s'est fait une place dans bien des aspects de la vie quotidienne sur Terre. Parmi les retombées de la technologie spatiale, mentionnons les stimulateurs cardiaques et les fauteuils roulants dernier cri, le thermomètre à infrarouges, le logiciel de lecture sonore pour aveugles, les codes-barres des magasins de vente au détail, les cristaux de quartz, le détecteur de fumée domestique, les lunettes antiradiations, l'embarcation à redressement automatique, l'ordinateur portable, le moniteur de fréquence cardiaque, l'enduit résistant aux égratignures pour les lunettes fumées, et les appareils sans fil.

CULTURE DE CRISTAUX POUR TERRIENS

Avec du sel, tu peux cultiver des cristaux ici même sur Terre. Par contre, ils ne seront pas aussi parfaits que ceux que les astronautes cultivent en microgravité. Avant d'ajouter les cristaux de sel d'Epsom à l'eau, observe bien leur forme. Sers-toi d'une loupe pour les voir clairement. Au terme de ton expérience, examine bien la forme des cristaux que tu auras cultivés.

Il te faut :

★ 125 ml d'eau   ★ 50 ml de sels d'Epsom (sels de bain)
★ un contenant peu profond   ★ une éponge (facultative)

1 Demande à un adulte de t'aider à faire bouillir l'eau dans un récipient. Retire ce dernier du feu et laisse tomber les sels d'Epsom dans l'eau. Remue bien jusqu'à ce que les cristaux soient dissous.

2 Verse le mélange dans un contenant peu profond. Il devrait y avoir juste assez de liquide pour en couvrir le fond. (Si tu le désires, tu peux déposer une éponge dans le contenant avant de verser le mélange. Ainsi, les cristaux seront plus facilement visibles parce qu'ils s'agglomèreront autour de l'éponge.)

3 Laisse le contenant reposer dans un endroit sûr et ensoleillé. À mesure que l'eau s'évapore, les cristaux se forment.

Que se passe-t-il?

Tu fais bouillir l'eau parce que le sel se dissout plus facilement dans l'eau chaude que dans l'eau froide. À mesure que la solution aqueuse s'évapore, les cristaux de sel apparaissent sur l'éponge ou dans le fond du récipient. Quelles formes ont les cristaux que tu as cultivés?

Expérience n° 2 : Le potentiel des plantes

Les expériences sur les plantes constituent une part importante du volet scientifique de la station spatiale. Cette dernière abrite même une chambre de croissance en astroculture de pointe : il s'agit d'une « serre » complètement fermée et automatisée, dont on se sert pour étudier l'évolution des plantes dans l'espace.

Les astronautes de la SSI font pousser une mauvaise herbe connue sous le nom d'arabette de thalius. Les scientifiques prévoient comparer la croissance de cette plante avec celle de plantes similaires sur Terre afin de mieux comprendre l'influence de la microgravité sur le cycle de vie des plantes. Ces renseignements orienteront les missions spatiales à venir — dans la mesure où on prévoit utiliser les plantes comme aliments, mais aussi pour purifier l'air et l'eau. Il faudra pouvoir compter sur des espèces de plantes facilement cultivables dans l'espace sur de longues périodes.

Le cosmonaute Youri Usachev semble satisfait de l'expérience d'astroculture réalisée avec des plantes.

Expérience n° 3 : Le potentiel d'une décharge électrique

En 2001, trois membres de l'équipage de la SSI ont été « électrocutés » dans le cadre d'une expérience visant à mesurer la résistance musculaire des êtres humains qui effectuent de longs séjours dans l'espace.

L'expérience consistait à appliquer un léger choc électrique à l'arrière des genoux. La réaction enregistrée (le réflexe de Hoffman) permet aux chercheurs de mesurer la contraction du muscle du mollet, représentative de la réaction de la moelle épinière aux stimuli. Si la réaction de la moelle épinière s'affaiblit au cours d'un vol spatial de longue durée, c'est peut-être que l'efficacité des programmes d'exercice diminue proportionnellement à la durée du séjour dans l'espace.

L'astronaute américain Frank Culbertson « court » dans le module *Zvezda*. Les petites décharges électriques appliquées aux muscles des astronautes révèlent aux scientifiques l'efficacité de l'activité sportive pratiquée.

Journal de bord, 5 janv. 2001 « *Shep et Sergei préparent l'expérience JASON sur la croissance des plantes dans le nœud de jonction. Les échantillons végétaux, qu'il faudra exposer à la lumière, ornent pour l'instant le quartier de l'équipage. Nous avons examiné les semences dans l'espoir d'y trouver des bébés palmiers.* »

Quoi que tu fasses, ne lâche pas prise!
L'astronaute américain Patrick Forrester
recueille des données sur la
détérioration des matériaux dans
l'espace.

Expérience n° 4 :
Le potentiel d'un fantôme

Dans l'espace, le phénomène de la radiation pose un problème aux astronautes. En 2000, la station spatiale a été la cible d'une tempête solaire d'une telle ampleur que les astronautes ont dû s'abriter pendant douze heures dans la section ultra-blindée à l'arrière du module de servitude Zvezda.

Pour évaluer le degré de radiation imposé aux organes humains, particulièrement aux organes sanguinoformateurs, les astronautes se sont servi d'un fantôme thoracique. Il s'agit d'un torse créé de toutes pièces, qui contient des répliques de tissus et d'organes humains. On l'appelle fantôme, mais il est tellement humain que les astronautes l'ont surnommé Fred. Bref, les membres de l'équipage ont enregistré les radiations captées par Fred et ont transmis les données à la Terre tous les dix jours.

Voici Fred, le fantôme thoracique.

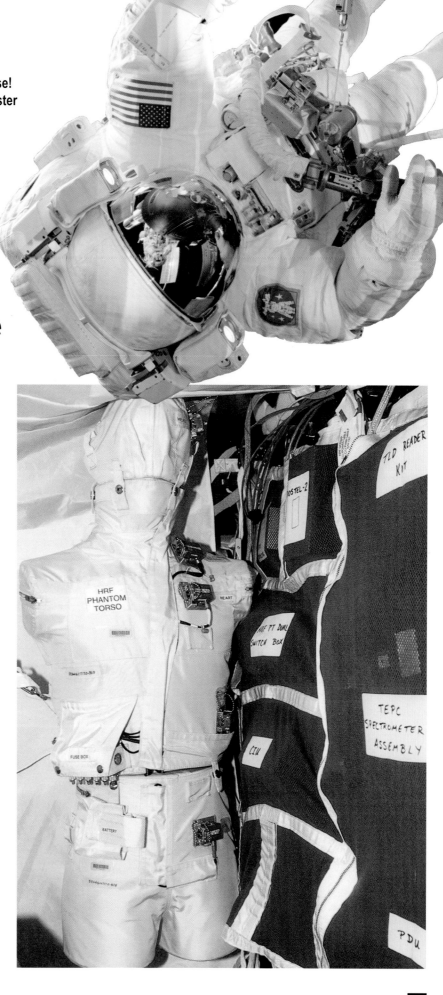

D-A-N-G-E-R!

Même si tu as tout prévu, il y a toujours un risque que les choses tournent mal. Et dans l'espace, la malchance est synonyme de D-A-N-G-E-R! Qu'est-ce qui arrive si ton filin (la corde de sécurité) se brise pendant que tu es en promenade dans l'espace? Il se peut que tu te mettes à dériver à toute vitesse vers Mars. Par chance, ton équipement propulsif de secours est là, fixé à ton scaphandre. Fiou!

LITE

Tu empoignes le levier du système de secours, ce qui met en marche 24 petits propulseurs qui crachent de l'azote gazeux comprimé et te permettent de manœuvrer. La vitesse de croisière est de 2 km/h et la vitesse maximale, de 11 km/h. Lentement, mais sûrement. Ah oui, en passant, tu as assez de carburant pour 13 minutes.

Pendant que tu te diriges vers la station spatiale, une micrométéorite perce ta combinaison. Pas de panique. Ton revêtement est pourvu d'une réserve d'oxygène d'urgence te permettant de conserver la quantité d'oxygène requise dans ta combinaison pendant 30 minutes, même si le trou a 20 cm. Ce laps de temps devrait te permettre de revenir à la station.

Et si un débris énorme heurtait la station? S'il y a seulement trois personnes à bord, elles pourront regagner la Terre en empruntant

Le vaisseau de sauvetage X-38

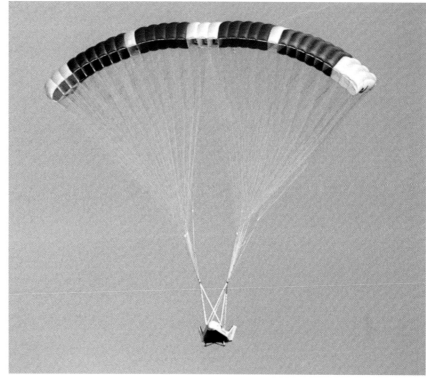

Le X-38 accroché à un paraplane géant au cours d'un vol d'essai.

la *Soyouz* comme véhicule de sauvetage.

Par contre, si la SSI compte sept résidents au moment de la collision, les astronautes devront utiliser le X-38, un vaisseau de sauvetage (encore à construire) qui pourra accueillir sept personnes. L'engin est conçu pour se désamarrer de la station en moins de trois minutes et effectuer un atterrissage d'urgence dans un délai de trois heures. Au besoin, toute la descente peut se faire sans que le Centre de contrôle

de mission n'intervienne. Quand le X-38 arrive à une altitude de 7000 m au-dessus de la Terre, les astronautes déploient le paraplane géant. Le vaisseau est programmé pour atterrir automatiquement, mais les astronautes peuvent se servir du système de réserve pour le diriger.

« Si le filin n'existait pas, tu n'aurais aucun moyen de revenir vers la station après avoir lâché prise. Tu as beau être à trois centimètres de ton objectif, tu ne peux pas nager pour t'y rendre, puisqu'il n'y a pas d'eau, ni rien pour t'aider à avancer. »

— *L'astronaute américain Mike Gernhardt*

Le premier équipage

Le premier équipage de la station, Expédition Un, a décollé de Russie le 31 octobre 2000. Durant quatre mois, les trois astronautes ont partagé un espace vital de la taille d'un autobus. Ils ont mangé, dormi et travaillé ensemble durant tout ce temps, ce qui leur a permis de préparer le terrain pour les équipages suivants. Mais qui sont donc ces gaillards?

Expédition Un : Commandant de l'équipage

William « Shep » Shepherd
Né le : 26 juillet 1949
Vit à : Babylon, New York
Passe-temps : Voile, natation, mécanique
Études : Baccalauréat en génie aérospatial de l'Académie des forces navales américaines, 1971. Diplôme en génie océanique et génie mécanique de l'Institut de Technologie du Massachusetts (MIT), 1978.

Pour Shep, la mer fait partie de la famille. Son père était pilote pour les forces navales américaines et a travaillé dans l'industrie de l'aérospatiale. Shep a d'abord voulu devenir pilote comme son père, mais il a échoué l'examen de la vue. Il est donc devenu membre des forces spéciales de la marine américaine et expert en démolition sous-marine. Il est entré à la NASA en 1984.

Shep aime bien bricoler des trucs dans son garage. Alors il a apporté ses outils avec lui à la SSI. C'était une bonne idée, parce qu'il a fallu souvent improviser. Shep a aussi un côté tendre. Il a apporté des bas de Noël pour les deux membres de son équipage.

« Chaque jour, je regarde la Terre et je me dis que je pourrais tout aussi bien avoir une autre planète sous les yeux. Je crois que ce que nous accomplissons aujourd'hui avec la station spatiale n'est que le début d'une aventure qui nous mènera encore bien plus loin... »

— Shep

Expédition Un : Ingénieur de vol

Sergei Konstantinovich Krikalev
Né le : 27 août 1958
Vit à : Saint-Pétersbourg, Russie
Passe-temps : Natation, ski, vélo, vol acrobatique, radio amateur
Études : Diplôme en génie mécanique de l'Université technique de Saint-Pétersbourg, 1981.

Sergei a passé presque 16 mois dans l'espace depuis qu'il est devenu cosmonaute en 1985. Il a surtout habité la station spatiale *Mir*. Ses patrons le trouvaient tellement doué qu'ils l'ont proposé comme membre du premier équipage de la SSI. Il était dans l'espace au moment où ses supérieurs ont pris cette décision; il a donc appris la nouvelle de sa mutation en regardant les informations à la télé quand il est revenu sur Terre. C'était en 1996. Enfant, Sergei voulait devenir pilote et cosmonaute. Jeune homme, il a fait partie de l'équipe nationale de vol acrobatique, la meilleure de l'Union soviétique en 1986. Sergei est aussi un radioamateur enthousiaste. Il a communiqué par radio à partir de la SSI avec d'autres radioamateurs et avec des écoliers.

> « Dans l'espace, on prend davantage conscience qu'on fait partie de l'espèce humaine. »
> — Sergei

Expédition Un : Pilote

Youri Pavlovich Gidzenko
Né le : 26 mars 1962
Vit à : Elanets, Russie
Passe-temps : Sports d'équipe, natation, tennis, football
Études : Diplôme de l'École supérieure d'aviation militaire de Kharkov en 1983. Diplôme de l'université d'État de Moscou en géodésie et cartographie en 1994.

Enfant, Youri voulait devenir pilote militaire comme son père. Il a réalisé son rêve après avoir obtenu son diplôme de l'École supérieure d'aviation militaire. Ensuite, les fonctionnaires du Centre de formation des cosmonautes Gagarine lui ont suggéré de passer l'examen pour devenir cosmonaute. Il a vécu six mois en orbite en 1995-1996 comme commandant d'une mission sur *Mir*. Tandis qu'il s'entraînait en vue d'une autre mission sur la station spatiale russe, ses supérieurs ont suggéré — ou plutôt ordonné — qu'il s'envole plutôt vers la SSI. Youri se réjouit d'avoir changé de cap, même s'il a dû dormir dans un coin du module *Zvezda* pendant un certain temps. Au moins, il a reçu un sac de couchage tout neuf lorsque la navette spatiale *Endeavour* a rendu visite à la station.

> « Ça me donne accès à de nouveaux horizons, à de nouvelles connaissances. »
> — Youri

« D'ici, tu peux voir l'atmosphère — une fine pellicule multicolore à la surface de l'horizon — et des systèmes météorologiques entiers. Si tu travailles à l'extérieur de la station, tu peux être distrait tout à coup par l'Afrique qui défile en dessous. Il y a aussi la lumière blanche et aveuglante du soleil qui cède la place à une obscurité radicale et absolue en environ 15 secondes. »

— L'astronaute canadien Chris Hadfield

Une grosse bille bleue

Du haut de la SSI, on peut distinguer les routes, les villes et les champs cultivés. La contemplation de la Terre est un passe-temps fort populaire pour les astronautes. Ils apportent des livres pour se distraire, mais finissent souvent par tout simplement observer la Terre. Comme l'a dit le cosmonaute Sergei Krikalev avant le lancement, « on pourra toujours lire, une fois revenu au sol ».

Souris, la Terre!

Les astronautes de la SSI passent de dix à vingt minutes par jour à prendre des photos de la Terre. Une navette spéciale apporte la pellicule et ramène les films sur Terre, où ils seront développés. Ces images constituent une mine d'informations sur les changements qui se produisent à la surface de la Terre — on observe surtout les récifs de corail, les régions urbaines sujettes au smog et les zones touchées par des inondations majeures ou des sécheresses attribuables à El Niño. Les photographes amateurs de la SSI immortalisent aussi les glaciers, les failles le long des plaques tectoniques et les formations inhabituelles comme les cratères d'impact météorique.

En examinant les clichés pris sur trois décennies, les scientifiques peuvent se faire une bonne idée des changements apportés à la Terre par l'homme ou par la nature.

Une fenêtre sur le monde

La SSI est dotée du plus grand hublot jamais conçu pour un vaisseau spatial — son diamètre est de 50 cm. Mis au point par Karen Scott (ci-dessous), ce hublot est le plus perfectionné sur le plan optique à avoir été installé sur un vaisseau spatial habité. Il est fait d'une mince couche extérieure antidébris, doublée de deux vitres étanches et d'une couche intérieure antiégratignures.

Alors, tu veux devenir astronaute?

Le mot « astronaute » vient du grec et veut dire navigateur des astres. « Cosmonaute » vient aussi du grec et veut dire navigateur de l'univers.

Les Américains et les Russes forment le peloton de tête des astronautes parce que leurs pays respectifs ont déployé beaucoup d'efforts pour mettre en valeur les programmes spatiaux. Mais bien d'autres nations veulent participer à la conquête de l'espace : elles sont 16 à avoir aidé à la construction de la Station spatiale internationale.

Il n'est jamais trop tôt pour commencer

Concentre-toi sur les matières de base, particulièrement les sciences et les mathématiques. À l'école secondaire, tâche d'obtenir de bonnes notes. En outre, tu dois absolument te rendre à l'université — le génie, la biologie, la chimie, la géologie, la physique et les mathématiques figurent parmi les

choix les plus courants des navigateurs de l'espace. Les astronautes doivent être titulaires d'au moins un baccalauréat ès sciences et posséder trois ans d'expérience pertinente. La plupart sont aussi titulaires d'une maîtrise ou d'un doctorat.

Bref, les études sont importantes, mais il ne faut pas oublier les aspects plus pratiques de la formation, comme le pilotage, le saut en parachute et la plongée subaquatique.

En route vers les étoiles

Prends connaissance des programmes spatiaux offerts dans ton pays en visitant les sites Internet pertinents. Vérifies-en les exigences. Attends-toi à une concurrence féroce. Pour te donner une idée, la NASA accepte des candidatures tous les deux ans : elle en reçoit en moyenne 4 014, et n'en retient que 20.

★ Sur les 195 astronautes qui ont voyagé en orbite à ce jour, 123 (soit 64 %!) ont été scouts dans leur jeunesse!

★ Pour devenir astronaute pilote, tu dois mesurer au moins 1,60 m, et pas plus de 1,90 m. Mais, pour devenir spécialiste de mission, tu peux mesurer seulement 1,50 m.

★ Bien que l'anglais soit la langue officielle de la SSI, le russe a une importance majeure. Les membres du premier équipage de la station disaient parler « anglusse », un mélange d'anglais et de russe.

★ Tu veux faire fortune en Russie? Ne deviens pas cosmonaute. Ton salaire ne sera que de 3 000 $ par année.

HORS DE CE MONDE

Cette expérience toute simple te donnera un avant-goût du travail d'un astronaute.

Il te faut :

★ un siège de bureau (pivotant)

1 Assieds-toi sur le siège.

2 Imagine que tu flottes dans la station spatiale. Peux-tu atteindre un objet derrière toi sans te servir ni du plancher ni des murs?

3 Essaie de faire un tour complet sur toi-même.

Le savais-tu?

Si tu as de la difficulté à faire un tour sur toi-même, imagine à quel point la tâche des astronautes est ardue. Dans l'espace, il est très difficile de maîtriser ses propres mouvements — un peu comme dans ton siège.

La conquête de l'espace

Vers 160 ap. J.-C.	L'auteur satirique grec Lucien de Samosate invente une histoire de voyage sur la Lune. Les habitants de l'astre de la nuit mangent des grenouilles, transpirent du lait et portent fièrement une barbe qui leur descend aux genoux.
1232	Les Chinois repoussent une invasion des Mongols avec des « flèches de feu ». On mettra bien du temps avant d'imaginer qu'une fusée puisse servir à autre chose qu'à se débarrasser de l'ennemi.
1500	Le savant chinois Wan Hu invente un engin volant : il s'agit d'une chaise, à laquelle il a fixé 47 fusées fonctionnant avec de la poudre à canon. L'inventeur trouve malheureusement la mort lors du vol inaugural de son engin.
1687	Le mathématicien britannique Isaac Newton publie un livre où il définit la gravité ainsi que trois lois régissant le mouvement. La propulsion d'une fusée illustre la troisième loi du mouvement de Newton : « Pour chaque force d'action, il existe une force égale et inverse de réaction. »
1783	Les frères Montgolfier lancent un ballon qui transporte un mouton, un canard et un coq. Le vaisseau atterrit en souplesse huit minutes plus tard. Les animaux sont sains et saufs. Ils auront été les premiers à voler véritablement.
1865	Le romancier français Jules Verne publie une histoire dont les personnages se rendent sur la Lune dans une embarcation lancée au moyen d'un canon géant. Le récit est tellement convaincant que des centaines de lecteurs croient que le vaisseau existe et se portent volontaires pour faire le premier voyage à bord de l'engin.
1903	Konstantin Tsiolkovsky, un scientifique russe autodidacte, dessine des vaisseaux spatiaux alimentés à l'oxygène et à l'hydrogène liquides. Souvent surnommé le « père de l'astronautique », Tsiolkovsky imagine aussi des fusées composites et des habitats rotatifs dans lesquels on pourrait recréer une force de gravité artificielle — il décrit en fait les stations spatiales. Sa pierre tombale porte le texte suivant : « L'espèce humaine ne restera pas éternellement confinée à la Terre. »

1926	À la ferme de sa tante Effie, dans le Massachusetts, le physicien américain Robert Goddard lance la première fusée propulsée par un mélange liquide. Elle s'élève à 12,5 m dans les airs et atteint une vitesse maximale de 100 km/h.

1942 Tandis que la Deuxième Guerre mondiale fait rage, une équipe dirigée par l'ingénieur allemand Wernher von Braun réussit à lancer une fusée à alimentation liquide : c'est la fusée V-2 (ou « arme de la vengeance 2 »). On bombarde bientôt l'Angleterre et d'autres pays avec des V-2 transportant des ogives pleines d'explosifs. Après la guerre, von Braun conçoit des fusées spatiales pour les États-Unis, dont *Saturne V*, qui servira plus tard à lancer l'homme vers la Lune.

1957 En octobre, l'ère spatiale débute réellement : l'Union soviétique lance *Spoutnik 1*, premier satellite artificiel conçu par l'homme.

1957 En novembre, les Soviétiques lancent *Spoutnik 2*, à bord duquel se trouve une chienne nommée Laïka. Elle est la première créature terrestre à voyager dans l'espace : elle prouve que la vie y est possible. Malheureusement, sa réserve d'oxygène s'épuise après une semaine, et l'animal meurt avant de revenir sur Terre.

1959 Les Soviétiques lancent un vaisseau spatial sphérique qu'ils appellent *Luna 2*. C'est le premier spationef à atterrir sur la Lune.

1961 Le pilote d'avion à réaction soviétique Youri Gagarine est le premier humain à s'envoler en orbite. Sa capsule réintègre l'atmosphère terrestre après avoir fait le tour de la Terre une fois. Gagarine s'éjecte de l'engin sans problème et atterrit en parachute.

1963 Une ouvrière soviétique et parachutiste amateure devient la première femme à voyager dans l'espace : il s'agit de Valentina Tereshkova.

1967	Malgré les nombreuses réussites de la décennie qui s'achève, l'exploration de l'espace n'est pas sans risque. Le cosmonaute soviétique Vladimir Komarov meurt dans l'écrasement de la fusée *Soyouz 1*.
1969	«Houston, ici la base de la Tranquillité. L'Aigle s'est posé. » Sur ces mots, le module lunaire *Eagle*, avec les astronautes américains Neil Armstrong et Buzz Aldrin à son bord, se pose sur la Lune.
1970	Afin d'en apprendre plus sur l'influence de la microgravité sur le corps humain à long terme, deux cosmonautes soviétiques passent 18 jours dans l'espace à bord de *Soyouz 9*.
1971	*Salyout 1* est la première grande structure envoyée en orbite par l'Union soviétique. Conçue pour accueillir des astronautes durant de longues périodes, *Salyout* est la première véritable station spatiale.
1981	Le lancement de la navette spatiale Columbia est réussi, de même que son retour sur Terre. L'engin décolle comme une fusée, mais atterrit comme un avion : on peut donc le réutiliser pour d'autres missions.
1986	Les Soviétiques lancent en orbite les premières composantes d'une station spatiale qu'on appellera *Mir* (« monde » ou « paix » en français). La station résistera à de dangereux incendies et à une collision presque fatale, et demeurera dans l'espace trois fois plus longtemps que prévu. En 2001, après plus de 86 000 orbites autour de la Terre, *Mir* s'éteindra en plongeant dans le Pacifique Sud.
1986	La navette spatiale *Challenger* explose seulement 73 secondes après son lancement, tuant les sept membres de l'équipage. Le terrible accident est causé par la défaillance d'un joint d'étanchéité entre deux segments d'un des propulseurs auxiliaires.
1994	Le cosmonaute russe Valery Polyakov établit un nouveau record de durée pour un séjour dans l'espace. Il revient sur Terre après avoir vécu 438 jours à bord de la station spatiale *Mir*.
1998	La première composante de la Station spatiale internationale est lancée en orbite. Il faudra plus de 40 vols spatiaux avant que la station ne soit terminée.
2003	En février, la navette Columbia et les sept membres de l'équipage à son bord disparaissent tragiquement au moment de la rentrée de la navette dans l'atmosphère.

Les codes secrets de l'espace

« EVA s'est-elle égarée entre sa CASE et sa HUT interstellaire? Non, elle est partie en expédition avec des ELF aux pouvoirs MAGIK pour retrouver sa précieuse PIE COSMIC — mais qui donc SAFER à miner son PEP...? »

Mais sérieusement, si tu veux devenir astronaute et conquérir l'espace, il faut te familiariser avec le jargon. Voici une liste de termes spatio-spécifiques.

ATV	Automated Transfert Vehicle — véhicule de transfert automatique
BIT	Build-In-Test — test intégré
BLIM	Berthing Latch Interface Mechanism — dispositif d'amarrage
CAL	Common Air Lock — sas
CASE	Crew Accommodations and Support Equipment — quartiers de l'équipage et matériel auxiliaire
COP	Co-orbiting Platform — plate-forme co-orbitale
COSMIC	Computer Software Management and Information Center — Centre d'information et de gestion des logiciels
DCM	Display and Control Module — module de visualisation et de contrôle
ELF	Extremely Low Frequencies — ondes mégamétriques
EMU	Extravehicular Mobility Unit — scaphandre spatial
ESA	European Space Agency — agence spatiale européenne
ET	External Tank — réservoir extérieur
EVA	Extravehicular Activity or Extravehicular Visor Assembly — activité extravéhiculaire ou visière extravéhiculaire
FAB	Flight Assignment Baseline — profil de l'affectation de vol
FEAT	Final Engineering Acceptance Test — test final d'acceptation en génie
HAB	Habitation Module — module d'habitation
HEDS	Human Exploration and Development of Space — exploration de l'espace par les êtres humains
HUT	Hard Upper Torso — torse supérieur rigide
ISS	International Space Station — Station spatiale internationale, SSI
LTA	Lower Torso Assembly — partie inférieure du scaphandre

MAGIK	Manipulator Analysis, Graphics and Integrated Kinematics — Analyse, graphisme et cinématique intégrée
MCC	Mission Control Center (Houston) — Centre de contrôle de mission (Houston)
MECO	Main Engine Cut Off — extinction commandée du moteur principal
OATS	Optical Alignment Transfer System — système de réalignement optique
OME	Orbital Manoeuvring System — système de manœuvre orbitale
PEP	Portable Emergency Provisions — provisions d'urgence portatives
PIE	Particle Impact Experiment — expérience sur l'impact des particules
PLSS	Portable Life Support System — équipement autonome de survie
PMA	Pressurized Mating Adapter — sabord d'arrimage
RCS	Reaction Control System — système de contrôle de réaction
RHC	Rotational Hand Controller — contrôle manuel rotatif
RMS	Remote Manipulator System — système de télémanipulation
SAFER	Simplified Aid for EVA Rescue — équipement propulsif de secours
SM	Service Module — module de servitude
SMART	Safety and Mission Assurance Review Team — équipe chargée de la sécurité et du bon déroulement de la mission
SRB	Solid Rocket Booster — propulseur auxiliaire à poudre
SOP	Secondary Oxygen Pack — réserve secondaire d'oxygène
SQUID	Standard Quick Release Universal Interface Device — dispositif universel et normalisé de raccordement à action rapide

Index